¿Qué animal tiene estas partes?

LA NARIZ

AMY CULLIFORD

TRADUCCIÓN DE
GILDA KUPFERMAN

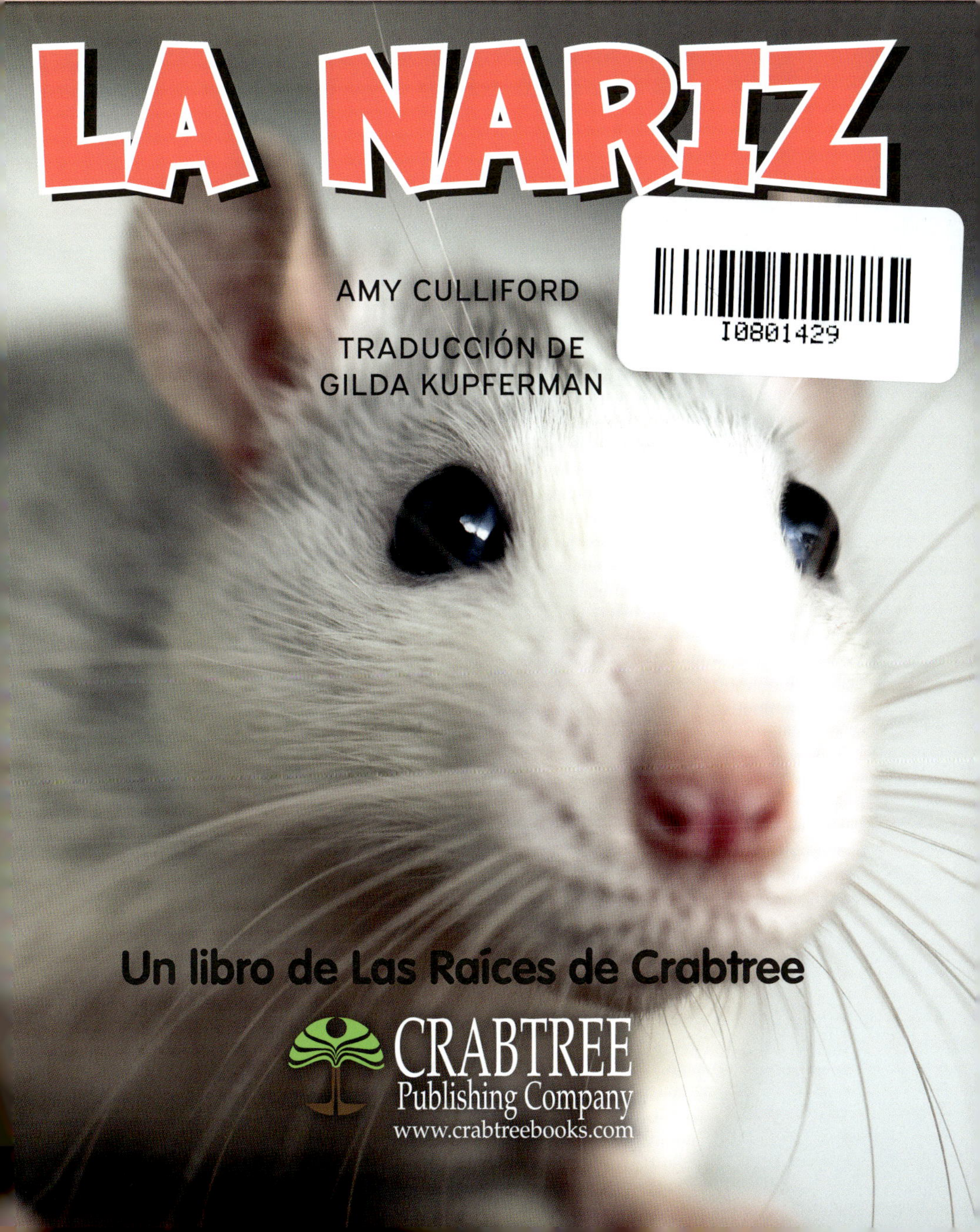

Un libro de Las Raíces de Crabtree

CRABTREE
Publishing Company
www.crabtreebooks.com

Apoyos de la escuela a los hogares para cuidadores y maestros

Este libro ayuda a los niños en su desarrollo al permitirles practicar la lectura. Abajo están algunas preguntas guía para ayudar al lector a fortalecer sus habilidades de comprensión. En rojo hay algunas opciones de respuesta.

Antes de leer:

- ¿De qué pienso que trata este libro?
    - *Pienso que este libro es sobre las narices.*
    - *Pienso que este libro es sobre las narices de los animales.*
- ¿Qué quiero aprender sobre este tema?
    - *Quiero aprender como las narices son diferentes.*
    - *Quiero aprender que animal tiene la nariz más larga del mundo.*

Durante la lectura:

- Me pregunto por qué...
    - *Me pregunto por qué los elefantes tienen las narices más largas.*
    - *Me pregunto por qué algunos animales tienen las narices coloridas.*
- ¿Qué he aprendido hasta ahora?
    - *Aprendí que unas narices pueden ser grandes o pequeñas.*
    - *Aprendí que las narices de los animales pueden ser de distintos colores.*

Después de leer:

- ¿Qué detalles aprendí de este tema?
    - *Aprendi que las narices pueden ser de tamaños y formas diferentes.*
    - *Aprendí que la mayoría de los animales tienen narices.*
- Lee el libro una vez más y busca las palabras del vocabulario.
    - *Veo la palabra* ***elefante*** *en la página 5 y la palabra* ***mono*** *en la página 12. Las demás palabras del vocabulario están en la página 14.*

¿Qué **animal** tiene la **nariz** larga como esta?

¡Un **elefante**!

¿Qué animales tiene las narices pequeñas como estas?

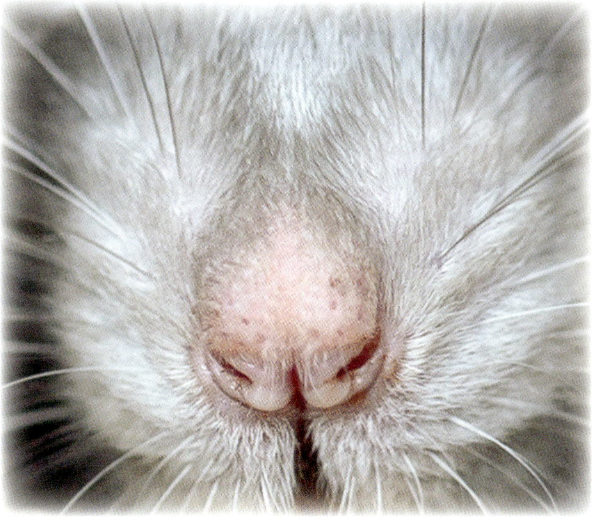

¡Un **ratón**!

¿Qué animal tiene esta nariz roja?

¡Un **mono**!

Lista de palabras

Palabras de uso común

como	larga	roja
esta	pequeñas	tiene
estas	qué	un

Palabras para conocer

animal

elefante

mono

nariz

ratón

28 Palabras

¿Qué **animal** tiene la **nariz** larga como esta?

¡Un **elefante**!

¿Qué animales tiene las narices pequeñas como estas?

¡Un **ratón**!

¿Qué animal tiene esta nariz roja?

¡Un **mono**!

CRABTREE
Publishing Company

Written by: Amy Culliford
Designed by: Bobbie Houser
Series Development: James Earley
Proofreader: Janine Deschenes
Educational Consultant: Marie Lemke M.Ed.
Translation to Spanish: Gilda Kupferman

¿Qué animal tiene estas partes?

LA NARIZ

Photographs:
Shutterstock: Manon van Althuis: cover; Bilanol: p. 1; matthieu Gallet: p. 3, 14; AndreAnita: p. 4, 14; polya_olya: p. 7; SERGEI BRIK: p. 8-9, 14; Baehaki Hariri: p. 11, 14; Charlotte Bleijenberg: p. 13-14

Library and Archives Canada Cataloguing in Publication

CIP available at Library and Archives Canada

Library of Congress Cataloging-in-Publication Data

CIP available at Library of Congress

Crabtree Publishing Company

www.crabtreebooks.com 1-800-387-7650

 Printed in the U.S.A./072022/CG20220201

 In Canada: We acknowledge the financial support of the Government of Canada through the Canada Book Fund for our publishing activities.

Published in the United States
Crabtree Publishing
347 Fifth Avenue, Suite 1402-145
New York, NY, 10016

Published in Canada
Crabtree Publishing
616 Welland Ave.
St. Catharines, ON, L2M 5V6